Hipnose

leer om te hipnotiseer

stap vir stap

Arnold Buzdygan

arnold@buzdygan.com

INHOUDSOPGAWE

HOOFSTUK I

ALGEMENE NUUS

1. Definisie van hipnose.

2. Mites en wanopvattings versus werklikheid.

3. Die skade van hipnose.

4. Vatbaarheid vir hipnose.

5. Trance diepte.

* Beskrywende skaal.

* Davis en Husband se telbord

6. Vatbaarheidstoetse.

* Gebalde handtoets.

* Ligte hande toets.

* Val muntstuk toets.

Hoofstuk II

Tegnieke om 'n beswyming te betree.

7. Aanvanklike onderhoud.

8. Posisionering van die gehipnotiseerde persoon.

9. Benadering tot die gehipnotiseerde.

10. Tipes tegnieke.

11. Verdieping van die induksie.

12. Post-hipnotiese voorstelle.

13. Om uit die beswyming te kom.

14. Spesifieke voorbeelde van die betreding van 'n hipnotiese beswyming.

Leviterende hand tegniek

Oogfokus tegniek

Tegniek vir die show

HOOFSTUK III

Huispartytjie hipnose.

15. Tydkeuse.

16. Kies 'n persoon.

17. Die keuse van 'n metode.

18. Hoe om 'n vertoning uit beswyming te maak.

* In 'n ligte beswyming.

* In 'n medium beswyming.

* In 'n diep beswyming.

19. Wat om nie te doen nie.

HOOFSTUK IV

LEER IN HIPNOSE EN AUTOHIPNOSE

20. Voordele van leer in hipnose.

21. Selfhipnose.

* Self-inleiding tot hipnose (self-hipnose).

22. Die manier van leer in hipnose.

* Selfstudie.

* Samewerkende leer.

HOOFSTUK V

TEEN VERSLAWINGS

23. ALKOHOLISME.

24. NIKOTINISME

25. Vraatsug

HOOFSTUK VI

Vriendelike opmerkings

26. WAARSKUWINGS.

27. WAARNEMINGS EN RAAD.

WAT IS DIE WAARDE OM TE LEES...

HOOFSTUK VI

Vriendelike opmerkings

26. WAARSKUWINGS.

27. WAARNEMINGS EN RAAD.

WAT IS DIE WAARDE OM TE LEES...

Algemene nuus

Definisie van hipnose.

Baie navorsers het oor hipnose gepraat, baie teorieë, hipoteses en definisies is geskep, maar nie een van hulle word deur alle dokters aanvaar nie. Hierdie situasie is die gevolg van die feit dat die verskynsels wat in hipnose voorkom ook in ander bewussynstoestande voorkom, dus is daar geen duidelike fisiologiese determinant wat die voorkoms van die verskynsel sal verseker nie. Die meeste wetenskaplikes aanvaar die volgende definisie van hipnose:

"Hipnose is 'n toestand van veranderde aandag in die proefpersoon, wat deur 'n ander persoon geïnduseer kan word of spontaan kan plaasvind, waartydens die proefpersoon se verskillende reaksies spontaan of in reaksie op verskeie stimuli kan voorkom."

Vandag is baie spesialiste van mening dat hipnose een van die outonome toestande van bewussyn is (wat langs die wakker toestand en slaap plaasvind) en by enige persoon kan voorkom as die regte toestande voorkom - soos byvoorbeeld slaap by die mees ongunstige oomblik onder die invloed van uiterste uitputting.

Die aanneming van hierdie term vir hipnose het die studie van hipnose baie vergemaklik, aangesien dit dit "gedemoniseer" het. Dit het dit ook moontlik gemaak om te verstaan waarom verskillende hipnotiseurs, selfs met dieselfde tegnieke, verskillende resultate in dieselfde hipnotiseurs behaal het. Maar ek sal skryf oor dit in meer besonderhede in 'n ander hoofstuk.

Mites en wanopvattings teenoor werklikheid.

Mite 1 - Onwaar

Hipnose is iets uit parapsigologie, 'n bonatuurlike verskynsel wat geen wetenskaplike bevestiging het nie.

Waarheid: Hipnose is wetenskaplik geverifieer en word in medisyne, wetenskap en selfs polisiewerk gebruik.

Mite 2 - Onwaar

'n Hipnotiseur is 'n persoon wat met bonatuurlike kragte toegerus is.

Waarheid: Enigeen met 'n klein brein kan 'n hipnotiseur word. Wolberg beskryf in een van sy boeke die voorbeeld van 'n paarjarige meisie wat hipnose geleer het deur 'n fliek te kyk en dit suksesvol op haar maats van die kleuterskool af probeer het. Weens die gewildheid van hierdie mite kan dit egter nuttig wees om 'n aura van misterie rondom jouself te skep om die taak te vergemaklik om sommige mense in 'n beswyming te plaas.

Mite 3 - Onwaar

Jy kan teen jou wil gehipnotiseer word.

Waarheid: Enigeen wat bewus is dat hulle gehipnotiseer word, kan dit sonder veel moeite weerstaan. Nietemin kan 'n persoon wat onbewus is van die hipnose wat op hom of haar uitgevoer is gehipnotiseer word, maar 'n mens kan nie sê dat dit teen hul wil gebeur het nie. Boonop kan so 'n gebeurtenis slegs in baie min situasies voorkom. Ek sal een van hulle in een van die volgende hoofstukke beskryf.

Mite 4 - Onwaar

Wanneer hy gehipnotiseer word, sal hy al die hipnotiseur se opdragte uitvoer.

Waarheid: 'n Gehipnotiseerde persoon, selfs in die diepste beswyming, is onbewustelik in beheer van die situasie en sal nie instruksies volg wat gevaarlik is vir homself of bots met sy norme nie.

Mite 5 - Onwaar.

Wanneer hy gehipnotiseer word, besit hy bomenslike krag.

Waarheid: Trouens, al die moontlikhede en verborge reserwes van die liggaam (psigies, intellektueel en fisies) word tot die maksimum benut, wat dit laat blyk dat die gehipnotiseerde oor bomenslike krag beskik.

'n Soortgelyke verskynsel kom voor in uiterste stres, bv. 'n man wat van 'n hond weghardloop ontwikkel 'n skynbaar onmoontlike spoed.

Mite 6. - Onwaar

"Swak" mense swig voor hipnose, en "sterk" persoonlikhede is veerkragtig.

Waarheid: Inteendeel. Sterk en gebalanseerde persoonlikhede is meer oop en is nie bang vir hipnose nie. "Swak" persoonlikhede is moeiliker om daarvoor te swig weens die gevoel van bedreiging.

Mite 7 - Onwaar

Jy mag nie uit 'n hipnotiese beswyming kom nie

Waarheid: Om uit 'n beswyming te kom is makliker as om gehipnotiseer te word. Selfs as die gehipnotiseerde persoon nie reageer op bevele om uit die beswyming te kom nie, val hy in 'n normale middagslapie en word wakker sonder die hipnose toestand.

Die skade van hipnose.

Geen van die studies wat tot dusver gedoen is, het enige skadelikheid van hipnose getoon nie. Dit geld vir beide die fisiese en geestelike sfere van die mens. Die verskynsel self is absoluut natuurlik en skadeloos in die sin dat dit nie meer of minder skadelik is as ander interpersoonlike verhoudings nie. (Met interpersoonlike verhoudings word alle openlike, verbale, onderbewuste, fisiese en geestelike interaksies tussen mense bedoel).

Jy kan dus iemand seermaak, maar dieselfde risiko bestaan in normale interpersoonlike verhoudings. Weereens sal ek daarop wys dat die toestand van hipnose self nie skadelik is nie en slegs die voorstelle van die hipnotiseur kan skadelik wees, byvoorbeeld deur onvoorspelbare assosiasies wat stres veroorsaak.

Verkeerd gebruikte opdragte kan ook skade veroorsaak, bv. wanneer jy ongevoeligheid vir pyn toon, kan jy nie sê: "Jy voel nie jou hand nie, jy voel nie pyn ...", want dit kan die teenoorgestelde reaksie veroorsaak en organiese pyn of onbekwaamheid van die hand As ons onsensitiwiteit vir pyn wil bereik, voorstelle soos "... nou sal jy nie voel hoe ek jou vir 'n rukkie raak nie, jy sal vir 'n rukkie nie onaangename sensasies voel nie...".

Dieselfde persoon moet ook nie te dikwels vir demonstrasie-hipnosesessies gebruik word nie, want om skielik in 'n beswyming te gaan, veroorsaak ook stres.

Hipnotiese vatbaarheid.

Hipnose is die vermoë om 'n hipnotiese beswyming te betree.

Hipnotiseurs glo dat die oorgrote meerderheid van die bevolking in hipnose ingevoer kan word. Dit hang hoofsaaklik af van die emosionele toestand van die gehipnotiseerde en baie ander faktore. Dikwels gaan dieselfde persoon op een slag in 'n diep beswyming en ander tye net vlak, of is enigsins weerstandbiedend.

Die teenoorgestelde gebeur ook. 'n Persoon wat tot dusver probleme op hierdie gebied gehad het, raak skielik daarvan ontslae. Terloops, dit is opmerklik dat gehipnotiseerde mense op een of ander manier "leer" om 'n beswyming te betree en elke keer kom dit makliker vir hulle. Natuurlik is dit nie 'n reël nie.

Een van die hipnotiseurs (Kratochvil) beweer dat ongeveer 5% van die bevolking heeltemal (nie permanent nie) immuun teen hipnose is. Ongeveer 25% van mense kan in die diepste beswyming geplaas word, en die res bereik verskeie intermediêre toestande van hipnose.

Sommige hipnotiseurs bereik beter resultate, wat dalk die gevolg is van 'n beter benadering tot die gehipnotiseerde, en miskien speel die plek van hipnotisering ook 'n groot rol hierin.

Bernheim beweer byvoorbeeld dat 80% van sy pasiënte in die hospitaal diep gehipnotiseer is, vergeleke met slegs 20% van diegene wat privaat gehipnotiseer is.

Vatbaarheid vir hipnose hang nie af van geslag, opvoeding en intelligensie nie.

Dit hang egter af van:

- ouderdom - van 5 tot 17 jaar oud effens groter as in ander ouderdomsgroepe

- die verhouding tussen die hipnotiseur en die gehipnotiseerde (vooroordele en vyandigheid is slegte nuus)

-die gehipnotiseerde se idees oor hoe hipnose en die hipnotiseur moet lyk.

Dit is opmerklik dat mense wat somnambuliste is (diep slapers, sukkel om te onderskei tussen wakkerheid en slaap wanneer hulle wakker word) baie vatbaar is vir hipnose en maklik in 'n diep beswyming verval.

Trance diepte.

Die diepte van die beswyming word verstaan as die gehipnotiseerde persoon se vermoë om voorstelle te maak wat gehiërargiseer is volgens die moeilikheidsgraad. Dit beteken dat hoe moeiliker die opdragte wat die gehipnotiseerde persoon uitvoer, hoe groter is die diepte van die beswyming. Daarbenewens help die bepaling van die diepte van die beswyming die hipnotiseur om voorstelle gepas te kies sodat dit nie te moeilik is om te implementeer nie. Twee skale van beswymingsdiepte word algemeen gebruik.

Beskrywende skaal.

Volgens Forel word hipnose in drie hoofstadia verdeel:

- lig (slaperigheid of lomerigheid - gekenmerk deur moegheid en ontspanning.

-medium (hipotaksie, d.w.s. ligte slaap) - die gehipnotiseerde kan nie sy oë oopmaak nie, maar verloor nie sy geheue nie.

-diep (somnambulisme, d.w.s. diep slaap) - die gehipnotiseerde persoon kan sy oë oopmaak, praat en in 'n beswyming loop.

Davis en Man se telbord

Hierdie tabel maak dit moontlik om te weet hoe diep 'n beswyming hy gehipnotiseer word deur sy reaksies waar te neem. Daarbenewens maak dit ook voorsiening vir 'n mate van standaardisering van toetsresultate, aangesien dit meer akkuraat is as 'n beskrywende skaal. So jy kan 'n eksperiment uitvoer en sê dat persoon A in 10de graad van hipnose dit en dat gedoen het en persoon B het dit nie gedoen nie. Danksy dit is dit moontlik om ervarings te vergelyk en dit te verifieer (*bevestig of ontken hul waarheid deur verdere eksperimente uit te voer*).

Diepte	Graad	Simptome
Weerstand	0	Geen reaksie
Hipnoïes		
	3	Ligte ontspanning
	4.	Ooglid wapper
	5	Vol liggaam ontspanning
ligte trans		
	6	Okulêre katalepsie
	7	Ledemaat katalepsie
	10	Rigiede katalepsie
	11	Ligte narkose
Medium trans		
	13	Gedeeltelike geheueverlies
	17	Persoonlikheidsveranderinge
	18	Eenvoudige post-hipnotiese voorstelle
	20	Kinestetiese illusies
diep beswyming		
	21	Oogopening in 'n beswyming
	22	Maklike post-hipnotiese voorstelle
	26	Moeilike post-hipnotiese voorstelle
	27	H Positiewe ouditiewe allusinasies
	29	H Negatiewe ouditiewe allusinasies
	30	H visuele allusinasies negatief

Vatbaarheidstoetse.

Hulle is nuttig om te bepaal of 'n onderwerp vatbaar is vir hipnose. Maar nie altyd kan mense wat suggereerbaar is maklik gehipnotiseer word nie. Dit word egter nie ontken dat mense wat maklik suggereerbaar is meer vatbaar is vir hipnose nie. Om die probleem eenvoudiger aan te bied, sal ek slegs 'n paar gewilde metodes aanhaal.

Die gebalde hand toets.

Dit is die mees gebruikte metode deur hipnotiseurs vanweë die eenvoud daarvan en die moontlikheid van groepgebruik. Die toetspersoon sit gemaklik met sy oë toe. Ons beveel haar aan om te konsentreer op die sensasies wat uit die hand vloei. Ons sê vir haar om haar hand om die rugleuning van die stoel vas te klem, en dan stel ons voor dat haar hand die kakebeen van 'n bankschroef is wat daardie rug stywer en stywer vasgryp. Dit word dan geïmpliseer dat hierdie kake weier om oop te maak ten spyte van probeer. Dan kyk ons noukeurig of die proefpersoon sukkel om sy hand oop te maak of nie. Hoe stywer 'n persoon sy hand klem, hoe meer vatbaar is hy vir voorstelle.

Ligte hande toets.

In hierdie toets staan die getoetsde persoon in die deuropening met die buitenste deel van die hande wat op die deurkosyn rus. Sy oë is toe. Ons laat haar vir so een minuut met haar hande die deurkosyne druk. Gedurende hierdie tyd vertel ons haar dat sy baie ligte hande het wat vanself opgaan. Dan gee hy 'n tree vorentoe. Ons kyk hoe hoog hierdie hande gaan. Hoe hoër dit is, hoe groter is die vatbaarheid vir suggestie. Hierdie toets is onderhewig aan 'n mate van interpretasierisiko omdat die opheffing van die hande deels te wyte is aan die diastoliese druk in die spiere. Dit het ook een groot voordeel – dit versterk die geloof in die krag van die hipnotiseur voordat hy met hipnose begin.

Val muntstuk toets.

Plaas 'n muntstuk bo-op die proefpersoon se uitgestrekte hand. Ons maak haar haar oë toe. Ons gee voorstelle dat die hand stadig draai en die muntstuk afgly: "daar is 'n muntstuk in jou hand. Solank jou hand horisontaal is, lê die muntstuk stil. Maar skielik begin dit stadig tol en die munt gly langs die kant van die hand af. Jou hand draai en die muntstuk gly binne na buite. Moenie dat dit val nie..." Ons herhaal hierdie teks 'n paar keer. As die getoetste persoon die indruk het dat die muntstuk afgly, reageer hy deur sy hand weg te draai. As iemand sulke reaksies het, beteken dit dat hy baie vatbaar vir voorstelle, hulle reageer glad nie op hierdie toets nie.

Trance tegniek.

Voorlopige onderhoud.

Die korrekte verloop van hipnotisering moet soos volg wees:

- Voorlopige onderhoud

- Lê die gehipnotiseerde

- Inleiding tot beswyming

- Verdieping van die beswyming

- Om uit die beswyming te kom

Die aanvanklike gesprek is 'n baie belangrike stadium van hipnose, en ten spyte hiervan word dit baie dikwels weggelaat (gewoonlik as gevolg van die hipnotiseur se luiheid en oormatige geloof in sy krag). Die aanvanklike gesprek stel die hipnotiseur in staat om 'n idee te kry van die gehipnotiseerde persoon se idees oor hipnose. Hierdie kennis stel die hipnotiseur in staat om die beste manier van aksie te volg om so 'n persoon te hanteer.

In die aanvanklike onderhoud moet jy:

- vind by die gehipnotiseerde uit wat hy van hipnose dink en weet.

As hy hipnose as iets misterieus beskou, is dit nie altyd nodig om te verduidelik hoe dit werklik is nie, want so 'n oortuiging kan dit makliker maak om hipnose te betree.

- elimineer moontlike vrese van die gehipnotiseerde.

Die meeste mense is bang om nie uit die beswyming te kom nie. Dan moet jy vir hulle verduidelik dat dit nie moontlik is nie, want as hy gehipnotiseer gelaat word, raak hy op sy eie aan die slaap, en dan hoef jy hom net wakker te maak.

- vind uit watter tegniek en watter benadering om te kies.

Posisionering van die gehipnotiseerde persoon.

Die gehipnotiseerde persoon kan gaan lê of sit. Dit is belangrik dat hy in 'n gemaklike posisie is.

In die sittende posisie sit die gehipnotiseerde persoon effens gekantel na die kant, leun met die kant van die liggaam op die systeun. Sy kop rus op die kopstut, en sy hande lê vrylik op die stoel se rugleuning. Die bene moet amper reguit wees en rus op 'n lae poef of iets soortgelyks.

In hierdie geval sit die hipnotiseur langs die stoel, aan die teenoorgestelde kant van die een waarteen die hipnotiseur leun.

In die rugliggende posisie is dit die beste wanneer die gehipnotiseerde persoon op sy rug lê, sy kop op 'n klein kussing gelig is, sy arms by die elmboë gebuig is. Die elmboë moet weg van die liggaam wees en die hande moet daarmee in aanraking wees. Die hande vorm dus 'n driehoek met die lyn van die liggaam.

Daar moet kennis geneem word dat 'n gevoel van afhanklikheid of seksuele assosiasie dikwels by die liggende persoon ontstaan - dit kan die hipnotiserende proses vergemaklik of belemmer. Tydens die aanvanklike gesprek is dit die moeite werd om aan te voel of hierdie gevoelens gelyk of behoorlik gebruik moet word.

Benadering tot die gehipnotiseerde.

Gepaste benadering tot die gehipnotiseerde is die helfte van die stryd. Basies is daar drie basiese benaderings op grond waarvan verskeie wysigings geskep word. Hier is hulle:

- dominant - die hipnotiseur is 'n gesag, hy gee opdragte wat nie aan bespreking onderhewig is nie.

Wanneer hy gehipnotiseer word, identifiseer hy hom met die figuur van sy pa. Hierdie metode word meestal deur verhooghipnotiseurs gebruik.

- emosioneel en moederlik - die hipnotiseur skep 'n baie noue, warm kontak met die gehipnotiseerde. Die hipnotiseur word geïdentifiseer met die figuur van die moeder.

- passief - die hipnotiseur skep die indruk dat die gehipnotiseerde selfgerig is en stel homself in 'n beswyming voor. Hierdie metode word gebruik wanneer ons te doen het met 'n gehipnotiseerde persoon wat mense wantrouig en net homself aanvaar.

Watter metode om te kies hang af van die karaktertipe van die gehipnotiseerde persoon en hul huidige bui.

Daarom is die aanvanklike onderhoud uiters belangrik, waartydens jy die karakter van 'n persoon en sy huidige bui en bui kan leer ken.

Om die verkeerde manier te kies om 'n gehipnotiseerde persoon te benader, kan heeltemal verhoed dat hulle 'n beswyming betree.

Tipes tegnieke.

Daar is soveel hipnotiserende tegnieke as wat daar hipnotiseurs is, want elkeen van hulle ontwikkel hul eie tegnieke.

In hierdie boek sal ek 'n paar klassieke tegnieke bekendstel wat enigeen in staat sal stel om hul eie tegnieke te ontwikkel.

Droomanalogieë word om twee redes meestal in hipnotisering gebruik. Eerstens, om in 'n beswyming te gaan is baie soortgelyk aan slaap, en tweedens assosieer mense maklik die sensasies van slaap met die sensasies van ontspanning. In hipnotisering met behulp van analogieë tot slaap, word eentonige ouditiewe, visuele en tasbare stimuli gebruik om lomerigheid by die gehipnotiseerde persoon te veroorsaak, en sodoende hom te oortuig dat sy liggaam onderhewig is aan die hipnotiseur se bevele.

Die mees gebruikte tegnieke is:

- Bernheim

- Handlevitasie

- Oogfiksasie

- Verhoog

- In die tegniek van Bernheim

Swaarheid van die ooglede, lomerigheid, onvermoë om die oë oop te maak word gesê. As dit bereik word, sê ons swaar in die arm, dan die bene en die hele liggaam. Ons vergeet heeltyd nie om oor lomerigheid, onderdanigheid en kalmte te praat nie. Ons gee ons voorstelle in 'n eentonige en kalm stem om die lomerigheid van die gehipnotiseerde persoon te verhoog. Die doel waarna ons streef, is om die aandag van die gehipnotiseerdes te beheer.

- In die tegniek van handlevitasie

Die gehipnotiseerde persoon word opdrag gegee om te konsentreer op die sensasies wat uit die hand kom. Dan raak ons daardie hand saggies met een of ander voorwerp aan sodat die gehipnotiseerde persoon beter daarop kan konsentreer. Ons stel ontspanning van die spiere voor (as die gehipnotiseerde persoon kan), traagheid en warmte van die bene en arms. Dan gee ons voorstelle om die arm op te lig en na die gesig of ander deel van die liggaam te beweeg. Tydens hierdie geleidelike beweging gee ons versterkingsvoorstelle, bv. "... wanneer die hand aan jou gesig raak, sal jy reeds diep aan die slaap wees ... " ens.

Die voordeel van hierdie metode is dat jy kan sien hoe vinnig die gehipnotiseerde persoon reageer, sodat jy kan aanpas by die tempo van sy reaksie.

- In die tegniek van oogfiksasie

Die gehipnotiseerde persoon staar lank na 'n voorwerp wat sowat 30 cm van die oë van die gehipnotiseerde persoon gehou word. Dit is die bekendste hipnotiserende tegniek en word redelik gereeld gebruik.

Ons doel is om moegheid en lomerigheid te veroorsaak sodat moeë oë vanself sluit en nie toelaat dat die gehipnotiseerde persoon deur ander gedagtes afgelei word nie. Terwyl die gehipnotiseerde persoon na die voorwerp van fiksasie staar, gee ons voorstelle oor brandende oë, lomerigheid en swaar ooglede. As die gehipnotiseerde persoon sy oë toemaak, gaan ons voort soos in die Bernheim-tegniek.

- Verhoog tegniek

Dit is 'n baie dinamiese tegniek. Dit gebruik die gesag van die hipnotiseur en die onderbewuste begeerte van die gehipnotiseerde om ander mense te beïndruk. Die hipnotiseur se gedrag moet een van bevel en absolute selfvertroue wees, sodat sy voorstelle onmiddellik uitgevoer word. Vinnige implementering van die eerste voorstelle is uiters belangrik, want dit versterk die gehipnotiseerde se geloof in die vaardighede van die hipnotiseur. Dit is die tegniek wat die meeste gebruik maak van die mites wat verband hou met hipnose.

Jy sal 'n gedetailleerde aanbieding en maniere om individuele tegnieke te implementeer hieronder vind.

Induksie verdieping.

Dit begin wanneer die gehipnotiseerde persoon 'n ligte beswyming bereik, en die doel is om 'n medium tot diep beswyming te veroorsaak. Dit is die moeilikste taak, want soos ons onthou, is ons nie in staat om 'n medium beswyming by almal te veroorsaak nie, en selfs minder mense bereik 'n diep toestand. Daar moet onthou word dat dit slegs in stadiumhipnose nodig is om 'n diep toestand te bereik. In ander gevalle, om 'n doelwit te bereik wat ons gestel het (bv. om vreemde tale aan te leer, slegte gewoontes te oorkom, ens.), is 'n medium of selfs ligte vlak van beswyming genoeg.

Die beswyming verdiep deur al hoe moeiliker voorstelle te gee. Terselfdertyd word die hele tyd geïmpliseer dat die uitvoering van 'n gegewe handeling die beswyming verdiep.

Tydens die middelvlak is die volgende aksies moontlik:

- nie sensasies, pyn, ens. voel nie - dit word narkose genoem. (Interessant genoeg kan narkose in 'n ligte beswyming bereik word, waarvan baie mense geen idee het nie).

- verlies aan geheue tydens en na hipnose (post-hipnotiese geheueverlies) met betrekking tot wat tydens hipnose gebeur het.

- "beweeg in tyd", bv. terugkeer na gebeure uit ou kinderjare.

- die verskaffing van onrealistiese voorstelle, bv. die illusie veroorsaak dat jy in die lug sweef, swem en op ander plekke is.

- gee post-hipnotiese voorstelle. Ongelukkig moet dit eers nagegaan word nadat hy die beswyming verlaat het. Sodra ons die gemiddelde vlak van hipnose bereik, kan ons probeer kyk of die gehipnotiseerde persoon sy oë kan oopmaak en loop. Dit moet baie versigtig gedoen word om nie self-dehipnotisering met te moeilike voorstelle te veroorsaak nie. As die gehipnotiseerde persoon dit kan uitvoer, beteken dit dat ons 'n diep vlak bereik het en ons kan die uitvoering van enige moeilike voorstelle eis.

Post-hipnotiese voorstelle.

Hulle is die beste bewys dat iemand onder hipnose was. Terselfdertyd beteken hul versuim om dit uit te voer nie dat hulle nie daar was nie.

Post-hipnotiese voorstel is die opdrag om enige aksie uit te voer nadat jy uit die beswyming gekom het. Hierdie aktiwiteit word uitgevoer op die ooreengekome sein. Hierdie sein, soos 'n opdrag, bestaan in die menslike onderbewussyn.

Daarom, nadat selfs 'n absurde opdrag uitgevoer is, soos om die venster weer oop en toe te maak, word dit met rasionele redes verduidelik.

Post-hipnotiese voorstelle word in 'n medium tot diep beswyming gegee. 'n Algemene opdrag is dat die persoon wat gehipnotiseer is vergeet om een van die nommers te klap. Nadat jy hande geklap het, word jy gevra om hardop tot twintig te tel. As die opdrag uitgevoer word, "slaan" die persoon wat gehipnotiseer is die nommer oor of sit ten minste daaraan vas.

Maak seker dat die opdrag uitvoerbaar is. Andersins kan neurose voorkom.

Uit die beswyming.

Dit is die eenvoudigste ding in die hele beswyming. Die mees algemene metode is om stadig tot vyf of tien te tel.

Die grootste voordeel van die aftelmetode is die doeltreffendheid en kalm verloop daarvan, wat die gehipnotiseerde persoon tyd gee om die liggaam aan te pas.

Ons begin uit beswyming deur voor te stel dat wanneer jy vyf (of tien) by die getal tel, jy uit beswyming sal kom. Tel dan stadig van een tot vyf (of tien). Gewoonlik vind die uitgang uit die beswyming plaas sodra die getal 5 (of 10) genoem word.

Dit gebeur dat die gehipnotiseerde persoon nie uit die beswyming wil kom nie omdat hy byvoorbeeld baie goed daarin voel. Probeer dan weer uit die beswyming kom, en as dit nie werk nie, laat die gehipnotiseerde persoon alleen om aan die slaap te raak. Na 'n kort middagslapie sal hy buite die beswyming wakker word.

As 'n reël onthou gehipnotiseerde mense nie die verloop van die beswyming nie. Daarom is dit vir hulle moeilik om te glo dat dit werklik plaasgevind het. As jy wil hê dat die gehipnotiseerde persoon alles van die beswyming moet onthou, moet jy 'n opdrag in hipnose gee om die verloop van die beswyming te onthou.

Dit is veral belangrik om te onthou wanneer hipnose 'n manier is om te leer.

Dit gebeur dikwels dat die gehipnotiseerde persoon op sy eie uit die beswyming kom. Dit gebeur wanneer die voorstel te moeilik is om uit te voer of bots met die persoon se waardesisteem. In sulke situasies onthou die gehipnotiseerde persoon meestal die laaste opdragte. Dit is die moeite werd om dit in gedagte te hou as jy nie vyande wil maak nie.

Voorbeelde van hipnotiese tegnieke.

Bernheim tegniek

In hierdie hoofstuk sal ek hipotetiese beswymingsreekse in verskeie tegnieke aanbied. Ronde hakies (dit is die inligting oor die gehipnotiseerde persoon se gedrag) sal inligting oor die gehipnotiseerde persoon se gedrag bevat, terwyl die opmerking tussen vierkantige hakies geplaas sal word [dit is my opmerking oor wat gebeur].

Voortaan sal ons eenvoudigheidshalwe aanneem dat die gehipnotiseerde persoon se naam Adam [afkorting A:], en die hipnotiseur se naam Henry [afkorting H:] is.

H: Maak jouself asseblief gemaklik. (Adam lê op sy rug, kop omhoog, rus op 'n kussing, arms gebuig by die elmboë vorm 'n driehoek met die lyn van die bolyf. Daar is 'n tweede kussing onder sy knieë, wat die knieë effens lig) [dit is die meeste gemaklike posisie en indien moontlik, is dit die moeite werd om dit te gebruik].

H: Nou lê jy stil en jou gedagtes loop vrylik. Jy is kalm en lui. Jou gedagtes is lui en eentonig. Jy is warm en gemaklik. Jou ooglede is swaar, dit weeg jou al hoe meer af.

Jou ooglede is swaar en swaarder... swaarder... Stadig gaan jou oë toe, maak toe... en jou ooglede is baie swaar... baie, baie swaar... (as ons sien hoe Adam sy oë toemaak) maak jy toe jou oë Jou oë toe.

[Dit is die ergste stadium vir Henry, aangesien hy Adam se skreeusnaakse moet beheer, wat veroorsaak word deur die onnatuurlike toon van sy stem. Jy hoef nie eens aanstoot geneem te word deur uitbarstings van die lag nie. Na twee of drie sarsies lag, "brand die gehipnotiseerde uit" en dit is makliker.]

H: Jy lê gemaklik, jy is slaperig, jy wil slaap, jy wil so graag slaap dat jy gou sal gaap ... jy sal gaap .... Jy haal rustig asem. Nou sal jy asemhaal op die ritme van my bevele. Op my woord INHAAL haal jy stadig en diep asem en ventileer jou longe totdat ek sê UITLAAT. Dan haal jy 'n stadige, lang uitasem en hou jou asem op en wag dat ek INHAAL sê.

Hier gaan ons. INSPIRASIE. (Adam haal stadig asem in) let op jou asemhaling sensasies, dink aan hoe jy voel UITLAAT. (Adam blaas uit) jy is kalm en slaperig, haal lui asem. (Adam blaas uit) [Ons hou hom vir 'n rukkie uitasem, maar nie te lank nie sodat hy nie senuweeagtig raak nie. Verkieslik 3 tot 5 sekondes. (Adam het 5 in- en uitasemings geneem).

H: Nou voel jy ontspanne en gelukkig, jy is slaperig en ontspanne. Wil jy slaap. Jy het lanklaas so goed gevoel soos jy voel. Jou gedagtes dwaal rond... [hier lys ons die gebeure wat vir Adam lekker was, waaroor ons tydens die aanvanklike gesprek geleer het, bv van die laaste vakansie]. Wil jy slaap. Jou hande word swaar en warm, jy voel 'n aangename tintelende sensasie in jou hande. Hande word swaar. Jy raak stadig aan die slaap. Jou hande word swaarder en jy raak aan die slaap. Jy raak aan die slaap, maar jy hoor steeds my stem. Dit kom van 'n afstand na jou toe. Jy hoor dit en raak aan die slaap. En jou hande word al hoe swaarder. Jou hand is so swaar dat jy dit nie eers effens kan lig nie. [Ons gee Adam 'n oomblik om te wil probeer, maar nie lank genoeg vir hom om te slaag nie.] Ja... so jy kan dit nie optel nie, jy is reeds in 'n beswyming. U hoor my stem en gee graag my versoeke toe. Jou hande is nog swaar. Nou raak die hele lyf ook swaar. Jy voel hoe jou hele lyf in die rusbank insak.

Konsentreer op daardie gevoel. Jy slaap reeds diep al hoor jy my stem. Net my. Jy stel nie belang in ander stemme nie. Jy vergeet van hulle.

Jy hoor net vir my, ek. Jy slaap....Nou hoor jy die geluid van die see. Die geluid van die golwe en my stem. Die geluid van die golwe en my stem. Die geluid van die golwe. Jou liggaam word lig, jy is lig jy sweef in die wind. Jy sweef stadig bo die strand. Jy is in die lug. Jy wieg heen en weer asof jy 'n blaar is, en jy sweef steeds. Jy styg tot die hoogte wat jou pas. Jy hang met die gesig na onder in die lug, en die son skyn bo en maak jou rug aangenaam warm. Jy dryf in die wind en kyk hoe mense pret het. Jy is lig soos 'n veer en beweeg deur die lug soos jy wil. Jy is gevul met vreugde en tevredenheid. Alhoewel jy skryf, kan jy praat. Jy kan praat. Vertel my waar jy is. [As Adam nie geantwoord het nie, moet jy terugtrek en ná 'n ruk weer probeer].

A: Ek lê in die lug bokant die strand.

H: Goed. Dis lekker weer, die son skyn, maar so sag soos altyd in die aand. Jy lê en luister na die geluid van die branders. Iemand langs jou praat. Kan jy hom hoor. Wat sê hy.

[Op hierdie stadium, as Adam niks gehoor het nie, is dit die moeite werd om 'n afspraak te hê om stilweg iets te sê teen sononder. Dit sou Adam se oortuiging versterk het en hom gerig het.]

A: Ja. Hulle praat van een of ander rok wat...

H: Goed. En wil jy nie die sonsondergang kyk nie? Dit sal binnekort kom. Al is jy slaperig, is jou liggaam so lig soos 'n veer. Jy gaan sit en kyk oor die voorruit na die sonsondergang. (Adam gaan sit maar sy oë is toe.) Maak jou oë stadig oop sodat die ondergaande son jou nie verblind nie. Stadig, o ja. (Adam maak sy oë oop.) Is dit nie 'n pragtige gesig nie?

A: Ja. Manjifiek. Groot rooi en daardie wolk. [Ons laat hom 'n oomblik van onsamehangende toespraak toe.]

H: Die son het reeds gesak en dit raak koud. Jy moet opstaan en huis toe gaan. Probeer opstaan, jy is traag, maar probeer opstaan [Jy kan help om op te staan, ondersteun]. (Adam het opgestaan.) Kom ons gaan. (Ons loop 'n rukkie in sirkels rond.) Kom ons sit nou op die bank. Ons is in die kamer. Ons is weer in die kamer. Sê vir my, wie sien jy in hierdie kamer?

A: In die kamer sien ek jou, Greg en Ann.

H: Daar is net ek in die kamer, daar is niemand anders in die kamer behalwe ek nie. [Stil, ons vra Ann om iets vir Adam te sê.]

Ann: Adam, het jy vuurhoutjies by jou?

A: (Skree): Nee! Ek het nie !

H: Adam, hoekom skree jy?

A: Ek het Ann gehoor. Sy het gevra of ek vuurhoutjies het.

H: Hoekom het jy haar dan nie net geantwoord, maar geskree nie?

A: Wel... omdat... sy het van iewers by die huis gevra.

H: Ja. En jy weet nie waar Greg kan wees nie? Hy was 'n oomblik gelede hier.

A: Ek weet nie. Ek het hom nie gesien nie.

H: OK. Nou sien jy almal, maar jy sien nie die meubels nie, jy sien nie die meubels nie. Kan jy vir my sê wat Greg en Ann doen?

A: Wel... Greg hang en Ann sit in die lug, (Greg is op die rusbank, Ann sit op die stoel.

H: Kan jy oorkom en Greg se rug krap. (Adam stap verby en probeer Greg se rug bereik.)

A: Ek kan nie. Hy het geen rug nie. [Sulke paranoïese situasies kan tot dehipnotisering lei.]

H: Jy kan die meubels sien. Het Greg steeds geen rug nie?

A: Hy doen, maar ek kan hom nie krap nie, want die matras pla my. Laat hom omdraai.

H: Hoekom het jy dan vroeër gesê hy het geen rug nie?

A: Ek het so gesê...? [Dikwels word sulke moeilike vrae nooit beantwoord nie. Die vraag word geïgnoreer en dit is beter om nie daarop aan te dring om dit te herhaal nie.]

H: Goed lê nou rustig en rus. rus. Het aangename drome en onthou dat wanneer jy hande klap jy die nommer drie sal vergeet. Sodra ek hande klap, sal jy die nommer 3 vergeet. As ek my vingers klap, sal jy dit weer onthou. Jy lê rustig en delf in die aangename sensasies wat uit jou liggaam vloei. Ek gaan nou tot vyf tel. As ek vyf sê, sal jy heeltemal uit hipnose kom.

EEN - jy word stadig wakker,

TWEE - jy raak al hoe minder slaperig,

DRIE - minder en minder slaperig,

VIER - jy het amper uit die beswyming gekom,

VYF - jy het wakker geword. (Adam is uit sy beswyming. Hy kyk in die kamer rond en is 'n bietjie verstom. Hy probeer sin maak van wat gebeur het.)

H: Onthou jy wat ons gedoen het?

Nie. Al wat ek onthou is dat ek gehipnotiseer gaan word en dat ek op daardie rusbank gaan lê het. Ek kan niks anders onthou nie.

H: Dis oukei. Greg sal jou later alles vertel. Ek wonder hoe vinnig jy tot 10 kan tel. Probeer dit.

A: Goed, een, twee, drie, vier ... tien.

H: (Henry klap hande) Probeer weer.

A: Een, twee, uh... vier, vyf......... tien. [Sommige mense hakkel by so 'n post-hipnotiese voorstel, en sommige het geen probleme om die voorgeskrewe nommer te mis nie.]

H: (Hy het sy vingers geklap). Dink jy nie jy het een van die nommers gemis nie?

A: Ja, ek dink ek het te vinnig getel.

H: Nee, nie te gou nie. Jy het vergeet omdat ek vir jou gesê het om dit onder hipnose te doen. Maar jy sal nie meer verkeerd wees nie. Genoeg vir vandag.

LEVITASIE HANDTEGNIEK

H: Maak jouself asseblief gemaklik. Nou, sit asseblief een van jou hande op myne. (Adam lê op sy rug in die posisie hierbo beskryf, maar sy linkerhand is op Henry se hand. Henry se ander hand bedek dieselfde hand van bo af.)

H: Lê stil en laat jou gedagtes om aangename dinge draai. Jy word kalm en slaperig. Jy konsentreer op die stimuli wat van jou linkerhand na jou toe kom. Gee aandag aan die aangename sensasies wat uit jou vel op jou hand kom. Konsentreer op hulle en oordink hulle (Adam maak sy oë toe). [Ons bly 'n oomblik roerloos.]

H: Nou word jou hand swaar en warm. Albei jou hande word swaar en warm. Jy voel hoe die warmte jou hand deurdring, 'n aangename warmte.

Jy raak slaperig. Jy het swaar hande. Jou hande is swaar en warm, en jou spiere is ontspanne. Stadig versprei die hitte deur die liggaam. Eers sal jou bene swaar en warm word, dan jou hele lyf. Jou bene word swaar en warm. Jy voel warm in jou bene. As jy voel dat warmte en swaarkry oor jou bene versprei, sal jy my hand skud. Jou bene word swaar en warm (Adam druk sy hand). Jy het swaar bene. Jou arms en bene is swaar en warm. Binnekort sal jy oral swaar voel, en jou liggaam sal deur inwendige hitte deurtrek word. Jou linkerhand is egter tans die swaarste. Jou linkerarm is die swaarste. Jy het 'n baie swaar linkerhand. Maar binnekort. Dit sal binnekort ligter word. O... ek dink dit word al ligter. [Verminder druk op Adam se hand.] Jou linkerhand word ligter en ligter. Dit is so lig, dit gaan dryf, dit gaan dryf. Jy het 'n ligte hand en dit styg maklik op en rig na jou voorkop. Hoe nader jy aan jou doel kom, hoe dieper sal jy in hipnose wees. Jy het 'n ligte hand en dit begin net opstaan (H: haal sy hand van Adam af, maar baie glad sodat Adam dit nie agterkom nie). Jou hand styg en jy verval al hoe dieper in hipnose. Net my stem bereik jou stadig. Jy hou op om ander te hoor. En jou hand gaan hoër en hoër. (Adam se hand styg effens) [die suggestie van die ligheid van die hand word verskeie kere herhaal, afgewissel met toespelings oor die bereiking van 'n dieper en dieper beswyming, totdat Adam sy hand hoog genoeg oplig dat hy sy elmboog moet lig]. Jou hele hand is lig soos 'n veer en sweef moeiteloos in die lug. (Adam lig sy elmboog.) Nou gaan jou hand na jou voorkop en jy hoor net my, net my stem bereik jou. Jou hand gaan na jou voorkop en is reeds bo dit. Sodra jou hand op jou voorkop val sal jy net my hoor. Jy raak slaperiger. Jy het jou hand bo jou voorkop en dit sak stadig daarheen. Jou hand val op jou voorkop. Jy hoor net my, net ek, net ek, net my... (hand val op voorkop). Nou is jy in 'n diep beswyming en kan selfs praat. Jy kan praat. Probeer "Ala." (Spiere om die mond beweeg, maar Adam sê niks.) Gaan voort. Jy kan praat. As ek vir jou sê jy kan praat, kan jy praat. Sê "Ala."

A: Ahh.

H: Baie goed. Nou kan jy my vrae beantwoord.

H: Kom ons gaan terug in tyd. Dit is nou die eerste skooldag. Jy is sewe jaar oud en jy gaan vir die eerste keer skool toe. Vertel my wat jy voel.

A: Ek is baie groot omdat ek skool toe gaan. En wanneer Ancia skool toe gaan, sal ek reeds in die tweede graad wees, want ek is ouer as sy. Ma het gesê ek en Jack moet vinnig klas toe kom want dan sit ons saam en dit sal reg wees. Ons sal kan saamwerk en leer...

H: Vertel my hoe die weer is, skyn die son.

A: Dit reën, maar ek het 'n baadjie met 'n kappie, en my ma het 'n sambreel, ons gee nie om die reën nie.

H: Goed. Nou keer ons terug na ons tyd. Lê vir 'n rukkie en dink aan iets lekker [H: gee jouself tyd om te rus].

H: Nou kan jy jou oë oopmaak as jy wil. Probeer om jou oë oop te maak. (Adam rol sy oë.) Maak oop jou oë. Jy kan eers deur 'n mis sien, maar dit sal gou verbygaan. (Adam het sy oë oopgemaak.) [Adam is reeds in diepe hipnose en kan doen wat hy wil. Die uitgang van hipnose is dieselfde as in die Bernheim-tegniek].

OOGBESTIGINGSTEGNIEK

H: Lê gemaklik. (Adam lê gemaklik, en ons hou 'n blink pendulum voor sy oë op 'n afstand van ongeveer 30 cm.)

H: Kyk na die pendulum Hou aan om na die pendulum te kyk. Moenie jou oë van hom afhou nie. Jy moet heeltyd na die pendulum kyk, selfs wanneer jou oë begin seer word. Al waaraan jy dink is om na daardie pendulum te staar. Jou oë begin binne 'n oomblik jeuk, maar jy bly na die pendulum staar. Jou oë sal in 'n japtrap jeuk. (Wanneer ons agterkom dat Adam se oë ruk). Jy jeuk reeds, oor 'n oomblik sal hulle jou begin brand. Jou oë sal brand en jy staar steeds na die pendulum. Jou oë sal binnekort brand (Adam knipoog). Jou oë steek reeds, maar jy staar steeds intens na die pendulum. Jou oë brand. Hulle sal binnekort begin huil. Wanneer jy voel jou oë begin traan, maak jy hulle toe. Jou oë begin traan en jy dink nog daaraan om na die pendulum te staar. Jy kyk na die slinger, maar jy maak jou oë toe wanneer hulle begin water of jou te veel verbrand.

(Adam maak sy oë toe, Henry sit sy hand so op sy kop dat hy die middel van sy voorkop liggies met sy duim druk.)

H: Jou oë is toe en jy maak dit nie oop nie. Sonder om jou oë oop te maak, "kyk" na die plek wat ek druk. Jy bly kyk na die punt van jou voorkop waaraan ek met my vinger raak, maar jou oë is toe. Jy kyk na hierdie plek en jy word kalm, jy doen' nie aan enigiets dink nie, stadig ontspan jou liggaam kalm en jy word slaperig Jy bly na die plek op jou voorkop kyk al is jou oë seer Jou oë is seer maar die res van jou lyf is slaperig en traag Jy is slaperig, slaperig Jy wil hê om te slaap, jy wil regtig slaap jou hele liggaam is swaar, jy is slaperig.

H: Alhoewel dit vir jou vreemd mag lyk, is jy reeds in 'n ligte beswyming. Nou sal ek my hand van jou voorkop verwyder. (Henry trek sy hand terug.) jy is slaperig. Jy haal rustig asem. Stel jou voor dat al die lug om jou blou is. 'n Verfrissende blou gloed omring jou. Jy kan selfs 'n aangename dennereuk ruik. Jy is kalm, slaperig en ontspanne. Jy word omring deur 'n blou gloed. Jy neem lug in jou longe in en asem daardie blou lug in. Jy sien jouself asof jy langs 'n spieël lê. Jy is deursigtig en jy kan sien hoe die blou deur jou longe versprei deur lug in te neem. Jy asem die verfrissende blou lug in en dit sprei uit en vul jou longe. Met elke asemteug versprei dit deur jou liggaam. Jy sien hoe stadig jou bloed blou word en hierdie blou oor jou hele liggaam versprei. Jy is slaperig, kalm en baie aangenaam. En die blou vul jou liggaam meer en meer met elke inaseming. Jy is meer en meer ontspanne. Kalmte kom met ingeasemde blou. Jy is in 'n dieper en dieper beswyming.

H: Wanneer die blou jou hele lyf oorneem, sal jy die duim van jou regterhand effens lig. Asem die lug in en laat die blou jou vul. (Adam haal kalm asem, en Henry hou sy hand dop en maak af en toe voorstelle oor slaperigheid, ontspanning en om dieper in hipnose in te gaan.)

(Adam lig sy duim.)

H: Nou kan jy my instruksies volg. Onthou dat elke voltooide opdrag jou hipnose sal verdiep, en as jy nie 'n opdrag kan volg nie, is dit reg. Moenie laat dit jou bekommer nie. Ons sal 'n ander keer probeer en dan sal ons verseker slaag.

H: Sonder om uit die beswyming te kom, sal jy vry kan praat. Jy kan praat. Vertel my jou naam.

A: Adam.

H: Baie goed. Onthou dat die uitvoering van my opdrag jou moontlikhede verhoog.

[Op hierdie stadium is dit die moeite werd om 'n paar maklike opdragte te gee om die gehipnotiseerde persoon se selfvertroue te versterk. Dan kan jy aanbeweeg na moeiliker maar skouspelagtige opdragte].

H: Baie goed. Kom ons keer nou terug na die hede. Nou kan jy jou oë oopmaak. Jy kan jou oë oopmaak. Probeer om jou oë oop te maak. (Adam het sy oë oopgemaak.)

A: Wat, wat het gebeur? Ek onthou...aaah ek was gehipnotiseer....

[Adam het uit hipnose gekom omdat hy die opdrag geneem het om sy oë oop te maak as 'n opdrag om uit hipnose te kom. Met sulke instruksies is dit belangrik om die vroeëre waarskuwing te onthou dat die hipnose sal voortgaan].

VERHOOGTEGNIEK

Dit is 'n baie skerp en dinamiese tegniek. Die hipnotiseur is 'n genadelose gesag wat opdragte gee wat nie aan bespreking onderhewig is nie. In hierdie tegniek is die belangrikste om 'n groep mense of 'n persoon te kies wat die eienskappe het wat dit baie maklik maak om met hierdie tegniek in 'n beswyming te kom, want jy sal die persoon óf dadelik baasraak óf jy sal misluk. Dit is ook die mees skouspelagtige en skouspelagtige metode om 'n beswyming te betree.

(Henry sit 'n uitverkore persoon, kom ons neem aan sy naam is Adam, op 'n stoel.)

H: Ek het jou hierheen genooi sodat jy my bevele kan volg. Jy hoef nie vir hulle bang te wees nie, want hulle sal nie moeilik wees nie, en om hulle te voltooi, sal jou nie in gevaar stel nie. Ek dink dat, aangesien jy tot die eksperiment ingestem het, jy met my sal saamwerk. My opdrag sal jou opdrag wees.

H: Ek hou 'n voorwerp in my hand. Die oomblik wat ek dit vir jou wys, sal jy jou oë toemaak en jou aan my testament begin onderwerp. Jou ooglede sal toemaak en jy sal dit nie kan oopmaak nie. (Henry maak sy hand oop en wys die voorwerp in sy hand. Adam maak sy oë toe.)

H: Jy kan nie jou oë oopmaak nie Jy dink jy kan hulle oopmaak as jy wil, maar jy wil nie en dit is die punt. (Adam glimlag.)

H: Jou oë bly toe. Jy kry swaar. Jy is baie swaar. Jy kan geen spiere beweeg nie. Jy is heeltemal magteloos. Jy is onderworpe aan my wil. Jy sal al my opdragte kan volg.

H: Jy kan praat. Vertel my jou naam.

A: My naam is Adam.

H: Vertel my hoe oud jy is en waar jy bly.

A: Ek is 20 jaar oud en ek woon in die stad.

H: Nou sal jy konsentreer op wat jy hoor. Jy sal dit goed onthou en dit herhaal wanneer dit vir jou gesê word. (Henry vra iemand in die kamer om enige 30 woorde neer te skryf. Dan lees hy die eerste 10 woorde stadig.)

H: Herhaal wat ek gelees het. Adam herhaal die woorde wat hy lees, maar in 'n ander volgorde. Nou sal ek vir jou 'n paar woorde lees wat jy vir my in dieselfde volgorde sal moet gee. Jy het nou 'n helder verstand en 'n absorberende geheue. Luister dus mooi. Jy is gereed ?

A: Ja, ek is gereed. (Henry het die volgorde van woorde gelees en Adam het dit sonder foute herhaal.)

H: Baie goed. Jy is steeds onder hipnose, maar jy kan jou oë oopmaak. Maak oop jou oë.

H: Kyk, jou hoërskool juffrou kom na ons toe. Sê vir hom hallo. (Adam se vriend nader hom.)

A: Goeiemôre, professor.

J: Hallo Adam. Jy het nie goed voorberei vir die klas nie. Jy het 'n drie. Bestudeer volgende keer.

A: Maar ek het lank gestudeer.

J: (Vertrek). Jy het dit natuurlik nie baie sistematies gedoen nie.

H: Wie was dit?

A: My Duitse onderwyser. Hy het altyd op my gepik.

H: Dis goed dat hy weg is. Kom ons probeer nou opstaan. Jy is steeds onder hipnose, maar jy kan opstaan. Jy kan opstaan. Staan op. (Henry help Adam opstaan. Adam staan.) Lig nou jou linkerhand op. Hoër. Hoër. O ja. Goed. (Adam se hand maak 'n regte hoek met sy lyf. Henry rol Adam se hempsmou op.)

H: Ek verdoof jou hand. In 'n oomblik, vir 'n kort tydjie, sal jy niks in jou linkerhand voel nie. Wanneer ek tot drie tel, sal jy ophou om jou linkerhand te voel. (Gvinnig) een-twee-drie. Jy voel niks in jou linkerhand nie. Henry sit ys op Adam se voorarm. Adam reageer nie.

H: Baie goed. Jy is in diepe hipnose en dit lyk of jy my instruksies volg. Nou gaan ek van drie tot een tel en jy sal weer die gevoel in daardie hand hê, drie-twee-een. As jou hand koud is, gooi die ys af. (Adam slaan die ys van sy hand af en vryf oor sy voorarm om dit warm te maak.)

H: En onthou nou daardie woorde wat Ek vir jou gesê het om aan die begin te onthou. Onthou jy hulle?

A: Ja, ek onthou.

H: Herhaal hulle dan in dieselfde volgorde as wat hulle gelees is. (Adam herskep die volgorde van woorde uit die geheue. Henry wys vir een van die kykers die stuk papier waarop die volgorde geskryf is).

H: (Aan die kyker). Stem jy saam.

Kyker: Ja, perfek.

H: Welgedaan Adam. Ek dink dit is genoeg. Lê nou gemaklik en onthou dat die antwoord op die vraag hoe oud jy is vyf moet wees. Wanneer jy die vraag "ouderdom?" hoor, sal jy "vyf jaar oud" antwoord. Jy sal so antwoord totdat jy die kamer verlaat. Sodra jy die kamer verlaat, sal hierdie opdrag nie meer op jou van toepassing wees nie. Jy sal ook nie bewus wees van hierdie opdrag nadat jy uit hipnose gekom het nie, maar jy sal dit onbewustelik onthou. Op die vraag "Ouderdom?" antwoord jy "vyf jaar". Nou gaan ek van drie tot een tel. As ek een sê - sal jy uit hipnose kom: Drie-twee-een. Einde van hipnose. (Adam kom uit sy beswyming.) (Na 'n kort tydjie bel Henry vir Adam en sê vir hom dat hy hom graag by die hipnose-suksesstatistieke wil insluit. Daarom vra hy hom om die vorm in te vul. Soos hy die data invoer, vra hy vir Adam "ouderdom? " As die post-hipnotiese voorstel suksesvol is, sal Adam "vyf jaar" antwoord.

VERJAARDAG HIPNOSE

Aan die begin van hierdie hoofstuk wil ek daarop wys dat ek wenke gegee het om die waarskynlikheid van volledige sukses te verhoog. Mense wat dit te moeilik vind om by hulle te hou, of vaardighede benodig wat hulle nie het nie, moet hulle nie aan hulle steur nie.

Uiteindelik kan jy wild gaan: neem die eerste persoon wat jy sien, gebruik jou gunsteling tegniek en hoop op sukses. En indien nie, dan vat ons die volgende persoon en die volgende. In beginsel is die waarskynlikheid van totale mislukking in so 'n situasie laag, maar daar is ook min kans om die gehipnotiseerde in 'n diep beswyming te kry. Maar kom ons kom by die punt. Die mees algemene rede vir hipnotisering by 'n partytjie is om vriende te vermaak of te beïndruk.

Dit is ook 'n goeie manier om 'n nuwe meisie of seun te leer ken – jy kan haar of hom kies vir hipnose. As sy nie saamstem nie, maak dit nie saak nie. Jy kan 'n ander keer 'n afspraak maak.

Om bogenoemde doelwitte te bereik, is dit die moeite werd om jou optrede noukeurig te beplan en by sekere reëls te hou. Andersins kan ons die teenoorgestelde doel bereik.

Wat om nie te doen nie, word aan die einde van die hoofstuk gelys. Kom ons behandel nou die tegniese kant van die "projek".

Eerstens: goeie tydsberekening.

Tydseleksie.

Ek glo dat dit die beste is om eers met die vertoning te begin wanneer die meeste mense moeg word vir dans en besluit om 'n rukkie te rus. Om die sessie aan die begin van die partytjie te begin, kan verdere pret vir die gehipnotiseerde bederf, want baie mense voel slaperig ná hipnose. Boonop kan dit die res van die party, wat hierheen gekom het om te dans, ontmoedig om nie na "domheid" te kyk nie.

Jy kan ook nie die vertoning tot die einde van die geleentheid uitstel nie, want mense sal te moeg wees, en hulle sal nie heeltyd weet watter moontlikhede jy het nie, en dit is 'n ooglopende verlies. Om op een of ander manier hierdie vereistes te versoen, is dit die moeite werd om na so 'n partytjie te gaan met 'n vriend wat terloops jou vaardighede aan die begin van die speletjie sal noem. Gewoonlik sal daar baie mense wees wat dit dadelik wil nagaan. Maar moenie opgee nie. Maak asof jy beskeie is en vermy dit in elk geval. In die ergste geval, sê jy sal 'n vertoning doen wanneer hulle moeg word om te speel, en op die oomblik wil jy dans.

As jy nie hierdie bedrog hoef te gebruik nie en die aandrang stop, dan is alles op pad na sukses. Jy het reeds belangstelling in jouself gewek en nou sal baie oë met nuuskierigheid na jou kyk.

En wanneer jy besluit dat dit 'n goeie tyd is om te hipnotiseer, sê jy OK, dat jy jou laat oorreed, en ... jy begin. Ek sou ure van 24 - 1 voorstel, wanneer die partytjie tot die oggend moet duur, en omstreeks 23:00 as dit tot middernag moet duur.

Die keuse van 'n persoon.

Om die regte persoon vir hipnose te kies, moet jy óf die maatskappy goed ken óf goed na hulle kyk, en dan 'n paar mense toets. Die tipe toets is gratis, kies die een wat jou die beste pas.

Natuurlik, as jy veral in iemand belangstel, kies daardie persoon vir die toets. Moet nooit probeer om teen jou beter oordeel te gaan en versuim om 'n toets af te lê nie. Dit is beter dat die persoon vir wie jy omgee 'n toeskouer van 'n suksesvolle opvoering is as om aan 'n mislukte een deel te neem.

Die keuse van persoon hang ook af van die tegniek wat jy wil gebruik. As dit 'n verhoogtegniek is, moet jy 'n ekspressiewe persoon vind wat daarvan hou om in die middel van die aandag te wees. Hoe om haar te leer ken? Hy is gewoonlik 'n uiters vrolike persoon, wat hard optree, baie dikwels die sg siel van die maatskappy. In ander tegnieke is die vryheid van keuse baie groter. Jy kan somnambuliste kies wat baie goed is met hipnose. Hulle kan slegs opgespoor word deur te vra oor hoe hulle slaap. Somnambuliste slaap lekker, wanneer hulle wakker is, sukkel hulle om wakker te word, hulle praat of skree in hul slaap, soms slaap hulle.

Metode seleksie.

Dit hang hoofsaaklik af van watter menslike "materiaal" jy tot jou beskikking het, dit wil sê jy moet bepaal watter hipnotiseringsmetodes die beste vir bepaalde mense sal wees. Eers dan kan jy bepaal of jou gunsteling metode gebruik kan word. As hulle die hipnotisering wil kyk van die begin af raai ek jou aan om die verhoogtegniek te gebruik - indien moontlik (daar is 'n geskikte persoon daarvoor).

Deur ander tegnieke te gebruik, sal jy die gelag van die gehipnotiseerdes en die gehoor moet beveg, en dit is 'n baie moeilike taak. Boonop lei die kykers die gehipnotiseerdes se aandag af. Dit kan natuurlik vermy word deur die onderwerp privaat in hipnose te lei en nie die toeskouers in te laat totdat hulle reeds in 'n beswyming is nie, maar dit bederf ten minste die helfte van die pret.

As jy egter besluit het om 'n tegniek soos Bernheim s'n te gebruik, moenie bekommerd wees as iemand lag of iets dom sê nie. Na 'n paar lag en giggel, sal hulle kalmeer. Moet net nie toelaat dat iemand jou of die gehipnotiseerde bevraagteken nie. Dit alles moet gesê word, sodat daar geen ingang soos "O ... wat doen jy Henry? Hypnotiseer jy Adam? Sê vir my, is jy doof?... Adam, wat doen jy?" of iets soortgelyks.

Vrae soos hierdie kan al jou pogings tot dusver bederf.

Hoe om skouspelagtig te word.

Om jou kollegas te laat bewonder, moet jy hulle nie net beïndruk nie, maar hulle ook laat pret hê. Om dit te bereik, moet jy hulle emosioneel in die spel intrek. Onthou dat kort, akute stres of angs lag en ontspanning veroorsaak. As jy dit nie glo nie, kyk na die situasies waarin mense die meeste lag - bv oor iemand se val, vir 'n dom grap, ens. Dit is dikwels situasies wat pyn veroorsaak en daarom word dit deur lag verlig. Deur dus kortstondige spanning op te bou en dit dan uit te skakel, hou jy aandag op jou "prestasie" en verbeter die welstand van die maatskappy.

Deur die verhoogtegniek te gebruik, kan jy seker wees dat jou kollegas die skouspel met hul hele wese absorbeer en danksy dit het jy hulle in jou hand. Elke moeilike opdrag skep 'n spanning van die tipe: hy sal dit doen of nie. Elke suksesvolle uitvoering van die opdrag lei tot die verdwyning van vrees en 'n glimlag. Dieselfde reaksie word veroorsaak deur 'n gevaarlike situasie. Verhooghipnotiseurs benut dit deur nie die gehipnotiseerde neer te sit nie, maar die hipnose te begin regop en die gehipnotiseerde te beveilig sodat wanneer hy in 'n beswyming ingaan en op die vloer val, dit stadig en pynloos gebeur.

Onder die kykers ontstaan egter reeds 'n vreesaanjaende situasie: "Aandag val!" en by die aanskoue van die waaksaamheid van die hipnotiseur verdwyn dit. Boonop bou dit vertroue in hom.

Jy moet al hierdie aspekte gebruik, alhoewel ek jou sal aanraai om die persoon op die vloer te sit, bv op 'n kussing, en net die rug te beskerm sodat hulle liggies op die vloer lê.

Vir groter effek is dit beter om nog 'n kussing binne bereik te hê en wanneer jy val (maar eers dan) sit dit onder die rug van die gehipnotiseerde persoon. Dit is die geval met verhoogtegnologie.

In ander tegnieke kan jy basies net pronk nadat jy iemand gehipnotiseer het. Boonop kan hierdie tegnieke ironiese vermaak veroorsaak, wat nie is wat jy bedoel nie. Maar daar is ook goeie kante aan hierdie tegnieke. Hulle is warmer en as jy wil hê iemand moet oorreed word na ander, verdere vertonings, sal jy dit makliker bereik met hierdie tegnieke, want die verhoogtegniek kan vrees wek.

Sodra die gehipnotiseerde in 'n beswyming is, watter metode jy ook al gebruik, is die volgende stappe die moeite werd om te neem ter wille van praal:

In 'n ligte beswyming.

- sit jou hand in 'n ongemaklike posisie in die lug en los dit so. Byvoorbeeld, teen 'n hoek van 45 grade met die grond en boonop 'n relatief swaar voorwerp ophang. Na 'n paar minute sal kykers besef dat die hand in dieselfde posisie bly, wat in 'n normale situasie abnormaal en baie moeilik is om uit te voer, sonder tekens van groot moegheid.

In 'n medium beswyming.

- veroorsaak "tydreis". Voorstelle word aan die gehipnotiseerde gegee dat hy 15, 10 of selfs jonger is. Dit is die beste om na een of ander belangrike of interessante gebeurtenis uit die verlede te verwys. As die gehipnotiseerde persoon iewers heen saam met ander by die partytjie gaan en iets wat jy lankal onthou, is dit die moeite werd om na hierdie tydperk te verwys. Ek het byvoorbeeld eenkeer toevallig 'n klasmaat in die teenwoordigheid van ander gehipnotiseer. Ek het destyds verwys na 'n reis na die see, waar ons as kelners gewerk het in 'n vakansie-oord.ons is in hierdie sentrum het hy sy bene gehipnotiseer begin skop omdat hy eendag met warm water uit 'n slang in hierdie sentrum deur die kok wat besig was om die vloer te vee oorspoel is.

So 'n gewelddadige reaksie het die regte indruk op die ander kollegas gemaak.

- voer post-hipnotiese voorstel in. Sy prestasie nadat hy die beswyming verlaat het, maak 'n groot indruk. Dit kan 'n bevel wees om enige nommer of naam van byvoorbeeld die gehipnotiseerde meisie te vergeet, of 'n bevel om enige, onnodige op 'n gegewe tydstip, aksie uit te voer.

-sê vir die gehipnotiseerde persoon dat hy deur 'n muskiet aangeval word of dat hy 'n wesp in sy hare het.

In 'n diep beswyming.

- bestel dat die bol in die botter vasgeskroef word.

- beveel dat die gesang gesing word sodra die musiek vir daardie volkslied begin speel (eintlik word 'n ander melodie gespeel).

- beveel om nie meisies of meubels ens te sien nie en gebruik dit om 'n snaakse situasie te skep.

- oortuig die gehipnotiseerde persoon dat hy alleen in die kamer is en dat 'n pragtige meisie net die kamer binnekom (gebruik die skoonheidskanon van die gehipnotiseerde persoon, as jy hulle ken). 'n Seun kom die kamer binne in plaas van 'n meisie en lok ons misdadiger uit om op te tel. Wanneer hy gehipnotiseer word, moet hy reageer soos hy op 'n meisie sou reageer en die uitdaging aanpak.

- wys die geheue van die gehipnotiseerde (gee hom om enige bladsy van die koerant te lees en laat hom dit uit die geheue herhaal).

- As hy vroeër 'n vreemde taal geleer het en nou kan hy dit nie onthou nie, gaan terug na daardie tyd en vra hom om in daardie taal te praat. - vertel hom dat sitroensuur suiker is en gee hom 'n bietjie om te eet.

Wat om nie te doen nie.

- Jy moet nie verwaand wees nie, maar vriendelik en hartlik.

- Moenie die gehipnotiseerde persoon kompromitteer nie (bv. met bekentenisse,

uittrek, ens.).

- Moenie die gek maak van die gehipnotiseerdes nie. Onthou dit is 'n SITUASIE

dit is veronderstel om SNAAKS te wees, nie GEHIPNOTISEERD nie.

- Moenie verneder (blaf, onder die tafel kom nie).

- Moenie jou fisiese krag inspan deur te lank te druk nie

kragvertonings van stamina gehipnotiseer.

- Om nie die liggaam te benadeel deur vertonings sonder pynlike skroei nie,

vassit en enige wonde toedien wat daarna kan seermaak

uit hipnose kom ens.

- Moenie bekommerd wees as iets verkeerd loop nie. Al gebeur niks nie

misluk, jy kan altyd die kykers daarvoor blameer

hulle is baie ontstellend.

- Moenie die vertoning te ernstig opneem nie, want dit bederf die bui.

LEER IN HIPNOSE EN AUTOHIPNOSE

Voordele van leer in hipnose.

Hipnose is 'n toestand waarin die wetenskap, veral die sg geheue word baie goed deur die leerder geabsorbeer. Daar is gevind dat gehipnotiseerde mense van 120 tot 500 kan onthou! woorde uit 'n vreemde taal in een uur se studie. Dit hang af van die mate van hipnose en die aanleg van die leerder. Hoekom gebeur dit? Dit is waarskynlik te wyte aan twee redes:

- eerstens konsentreer die gehipnotiseerde persoon sy aandag heeltemal op wat hy doen, en dit het 'n groot impak op die memoriseringsproses.

- tweedens aktiveer hipnose onbekende aan ons geestelike reserwes, wat as bonatuurlik beskou kan word, en wat hulself manifesteer in fenomenale geheue. Hierdie geheue is so goed dat dit jou toelaat om besonderhede van gebeure uit die verlede te herroep wat jy sou dink glad nie onthou is nie. Dit laat jou ook toe om presies te onthou wat bestel gaan word, dit wil sê wat jy gaan leer.

Daarbenewens is leer in hipnose nie lastig nie as gevolg van die gebrek aan 'n gevoel van die verloop van tyd. Gedurende hierdie tyd dink 'n mens nie aan ander "interessanter" aktiwiteite wat gedoen kan word in plaas daarvan om tyd te "mors" om te studeer nie.

As ons die slegste van die resultate aanneem, dit wil sê 120 woorde per uur en 'n twee-uur sessie (insluitend 'n uur se studie, en die oorblywende tyd vir hipnotisering en ontspanning), is ons in staat om 3 000 woorde in 25 dae te leer (dit is aanvaar dat jy 3 000 woorde moet ken om 'n vreemde taal korrek te kan gebruik). So teoreties kan ons binne 25 dae 'n vreemde taal aanleer. Teoreties, want om dit reg te gebruik, benodig jy steeds 'n gesprek in hierdie taal en intuïtiewe gebruik van grammatikareëls. Die basiese probleem is egter om nie die regte hoeveelheid woorde te ken nie en hipnose los hierdie probleem op.

Ek wil ook daarop let dat jy reeds in ligte hipnose kan leer, alhoewel jy nie so goeie resultate sal behaal soos in diep beswyming nie. Hoofsaaklik omdat mense 'n visuele geheue het, nie 'n ouditiewe een nie, vir die grootste deel. By ligte hipnose is net luister betrokke, by diep hipnose kan jy luister en lees.

Die vraag ontstaan: as dit so 'n effektiewe metode is, hoekom word dit nie wyd gebruik nie?

Wel, daar is baie redes:

- waar om 'n hipnotiseuronderwyser te vind, veral 'n taalonderwyser, aangesien die meeste hipnotiseurs dokters is, en daar is min van hulle;

- watter skool dit sou waag om so 'n metode van taalaanleer in te voer in 'n situasie waar die meeste mense hipnose met charlatanisme assosieer;

- sou jy dit waag om so 'n taalkursus te volg? Veral omdat dit nie gratis sou wees nie. Sal jy nie eerder 'n tradisionele kursus volg en dit nie waag nie?

Gelukkig kan jy onder hipnose saam met 'n groep kollegas studeer, of self as jy selfhipnose leer. Ek sal eerder aanbeveel om met twee of drie mense oor die weg te kom om mekaar aan hipnose bekend te stel en die gehipnotiseerde persoon te leer.

Ten slotte, leer in hipnose is voordelig omdat:

- leermateriaal word baie vinnig gememoriseer.

- dit bly lank in die geheue, dit word nie vergeet nie.

- word geestelik nie moeg vir die eentonigheid van leer nie.

Outohipnose.

Self-geïnduseerde hipnose word self-hipnose genoem.

Selfhipnose vind slegs plaas wanneer die gehipnotiseerde persoon 'n beswyming betree sonder die suggestie van 'n ander persoon. Wanneer die gehipnotiseerde persoon in 'n beswyming geplaas word deur 'n band met die hipnotiseur se stem te speel, het ons eintlik te doen met indirekte hipnose, nie selfhipnose nie.

Selfhipnose kom baie dikwels spontaan voor, maar dit is baie moeilik om te beheer en vereis oefening. Dit is amper so moeilik soos om jou eie drome te beheer.

Wanneer verskyn selfhipnose spontaan? Dit is 'n algemene kwaal van vlieëniers en bestuurders wat lank op die pad is. Dit gaan dikwels die aan die slaap raak by die stuur, maar dit is nie die reël nie. As jy dikwels vir lang tye sonder rus ry, het jy dalk opgemerk dat jy soms "op autopilot" was, soos een van my kollegas dit gestel het. Ons onthou wat 'n oomblik gelede op die pad gebeur het, of dat ons het nie die verloop van tyd gevoel nie, ons was nie verveeld om te bestuur nie.Om 'n motor in so 'n toestand te bestuur is so gevaarlik dat ons kan aan die slaap raak - buitendien is die bestuurder in volle beheer van die situasie op die pad, alhoewel dit 'n bietjie is "af".

Situasies waarin selfhipnose spontaan plaasvind, stel voor watter natuurlike maniere mens moet probeer om dit te veroorsaak. Daarom moet eentonige stimuli gekombineer word met staar na 'n voorwerp om oogfiksasie te veroorsaak. Hier is 'n ooreenkoms met meditasie. Persoonlik glo ek dat as daar enige verskil is tussen selfhipnose en die toestand wat in meditasie bereik word, dit is dat daar 'n baie fyn lyn tussen hulle is.

* Self-inleiding tot hipnose (self-hipnose).

Daar is twee maniere om selfhipnose te leer. Hierdie vaardigheid kan verkry word deur kondisionering onder hipnose of selfstudie.

a) Kondisionering tydens hipnose deur 'n hipnotiseur.

Dit is die vinnigste en maklikste manier om selfhipnose te leer. Dit leer egter nie die proses om sy verloop te beheer nie – dit word met ervaring opgedoen.

Ons maak 'n ooreenkoms met die hipnotiseur dat hy 'n post-hipnotiese voorstel sal maak rakende hipnose. Byvoorbeeld, die hipnotiseur sê vir jou dat jy gehipnotiseer sal word as jy self die sin sê: "Adam, as ek 'drie' sê, sal ek in selfbeheerde hipnose wees, een, twee, drie."

Dan, wanneer jy selfhipnotiseer, is dit genoeg om hierdie sin te sê en dadelik in selfhipnose te wees. Dit is ook die moeite werd om die sein te bepaal wat die uitgang van hipnose sal veroorsaak. Dit is die beste om 'n wekker te wees. Dit is dan maklik om tydsbeperkings te hou.

b) Selfstudie.

As ons geen hipnotiseur ken nie, kan ons net op ons eie leer. Die metodes van selfhipnose verskil nie wesenlik van die metodes waaraan die hipnotiseur aktief deelneem nie.

In "suiwer" selfhipnose gebruik die persoon voorheen geleerde metodes van hipnose op hulself.Die meeste mense kom op hierdie stadium 'n hindernis teë: hoe kan jy jouself beheer terwyl jy onder hipnose is?

Soos gewoonlik is daar 'n mite dat hipnose iets soos slaap is, en slaap kan nie beheer word nie. Maar hipnose is nie slaap nie. Dit is nog 'n toestand van bewussyn waarin die gehipnotiseerde persoon in volle beheer van die situasie is.

Die sleutel tot die bemeestering van selfhipnose is om die vaardigheid van "buite die liggaam" aan te leer. Dit bestaan daarin om die gees van die liggaam te skei. Dan is ons verstand die hipnotiseur. Dit sal aanvanklik moeilik wees om die liggaam se reaksies te beheer sonder om daarmee te identifiseer. Ek dink egter dat mense met verbeelding hierdie probleem baie vinnig moet hanteer.

Jy kan jou lewe en leer makliker maak deur 'n bandopnemer te gebruik. Alhoewel hipnotiseurs glo dat dit nie meer selfhipnose is nie, maak dit glad nie saak of jou doel is om kennis te bekom nie, nie om selfhipnose te leer nie.

As jy dus 'n bandopnemer het, kan jy jou opdragte op band opneem en dit terugspeel wanneer jy in 'n beswyming gaan. Dit is belangrik om nie bekommerd te wees oor probleme om tred te hou met die band nie. Na 'n paar probeerslae moet die antwoorde gepas wees vir die tempo van die band. Jy moet net geduldig wees en aanhou probeer.

Hoe om onder hipnose te leer.

Die enigste verskil tussen die wakker en hipnotiese leermetodes is dat jy 'n hipnotiese toestand moet betree voordat jy leer. Daarna verloop leer op die gewone manier, behalwe dat een (of hoogstens twee keer) die leesstof nie herhaal hoef te word nie. Gehipnotiseerd lees hy die teks teen 'n spoed wat gepas is vir sy vermoë om dit permanent te onthou. Sommige doen dit vinniger, ander stadiger.

As jy gespanne is vir tyd en probleme ondervind om in selfhipnose te kom, sal hy voorstel dat jy met vriende oor die weg kom en saam studeer, afwisselend hipnotiseuronderwyser en gehipnotiseerde student wees. Eensames of mense wat hul vriende wil verras, het egter die moeilike kuns om self te leer.

* Selfstudie.

Selfstudie in hipnose kan soos volg wees:

Jy verbied die res van die gesin, vir die volgende twee uur, om jou kamer binne te gaan of jou oor die telefoon te bel, skottelgoed te was, ens.. Jy sit ook 'n bord op die deur met die toepaslike inligting "GEEN TOEGANG" - sodat iemand vergeet nie.

Jy het reeds gemoedsrus, so jy kan jou leermateriaal voorberei. As jy in staat is om diep hipnose te betree, berei jy notaboeke of boeke voor. Al is dit net met 'n bord, dan 'n bandopnemer (dit is die beste om oorfone op jou ore te sit, want hulle sny van die omgewing af). Dit is belangrik dat handboeke maklik toeganklik en binne bereik is.

Die gebruik van 'n bandopnemer het een nadeel:

Die terugspeeltempo van opgeneemde boodskappe sal gewoonlik nie ooreenstem met die spoed waarteen die gehipnotiseerde hulle verbruik nie, d.w.s. as die band vinniger is as wat jy kan, sal baie boodskappe nie geassimileer word nie, al was dit op die band. Op hierdie manier, as dit nie werk nadat jy jou kennis geleer het nie ('n bykomende vermorsing van tyd), kan jy 'n lekker grap op die antwoord of op die vasvra maak. As die boodskappe egter stadiger gespeel word as wat jou gemoedstoestand sou toelaat, word tyd ook gemors. Dit is egter beter as die vorige geval.

Die spoed van die speel van die leermateriaal kan egter nooit optimaal gekies word nie, want op verskillende dae, en selfs op verskillende tye van dieselfde dag, sal die vermoë om te leer meer of minder wees. Dit hang van soveel faktore af dat dit buite beheer is. Slegs 'n tweede persoon wat die hipnose beheer, kon die optimale leertempo implementeer. Maar jy leer op jou eie, so daardie opsie bestaan nie.

Voordat jy hipnose betree, motiveer jy jouself om goed te studeer deur enige bevestiging verskeie kere te herhaal, soos:

- Ek is bly om te leer.

- Ek geniet dit om te leer en dit kom maklik na my kop.

- Leer is maklik en pret.

- Ek sal vandag baie nuttige inligting kry. Ek sal meer weet as ander.

- Ek is bly om te leer.

Jy moet hierdie bevestigings herhaal vir (2-3 minute).

Hulle lyk dalk belaglik en dom, maar hulle is baie effektief. Jy kan jou eie motiverende sinne invoer. Hoe meer hulle by jou persoonlikheid pas, hoe meer impak sal hulle hê.

Na bevestigings beweeg ons in hipnose in en ... ons leer!

In 'n vlak beswyming luister ons na die band, in 'n diep een gebruik ons alle beskikbare leermetodes, selfs gesels ons in 'n vreemde taal.

WAARSKUWING! Voordat jy die beswyming verlaat, moet daar opdragte wees om die verwerkte materiaal te memoriseer.

* **Samewerkende leer.**

As jy 'n vriend het wat kan hipnotiseer en ook hipnose wil leer, is jy gelukkig. Jy kan 'n afspraak met hom maak om saam te studeer. Anders as om saam te leer in die wakker toestand, waar die teenwoordigheid van 'n ander persoon die meeste aandag aflei, het leer saam in hipnose net voordele. Dit maak 'n vinnige toegang tot hipnose en 'n buigsame leerkursus moontlik.

Die hipnotiseur sien hoe die leerder vorder en kan die aflewering van die boodskap vertraag of bespoedig, en veranderlike media (verbaal of grafies, ens.) gebruik.

Ideaal gesproke word slegs een persoon tydens een studiesessie gehipnotiseer, en die ander persoon word op 'n ander dag gehipnotiseer. 'n Leerstelsel waar leerders om die beurt mekaar hipnotiseer, is nie die beste nie. Met beperkte tyd vir leer word te veel tyd op hipnose gemors en kan daar situasies wees waar byvoorbeeld 10 minute twee keer verlore gaan vir induksie, en 20 minute vir suiwer leer. In so 'n situasie is dit beter om net een persoon te hipnotiseer en 50 minute aan sy studie te wy, en die ander persoon op 'n ander dag te leer.

Die leerproses is soos volg:

Die hipnotiseur plaas die gehipnotiseerde in 'n beswyming. As die gehipnotiseerde persoon sukkel om 'n diep beswyming te betree, stop ons by medium hipnose. Dan word hy herinner aan aangename gebeurtenisse uit sy lewe om sy welstand te verbeter, en eers dan gaan ons oor tot leer. Aan die begin word materiaal wat verbaal gegee kan word, verwerk. Eers later kan jy probeer om die gehipnotiseerde in 'n dieper beswyming te plaas, wat die gehipnotiseerde in staat stel om op hul eie te loop en boeke te lees. Die hipnotiserende persoon verskyn dan slegs as 'n hipnotiseur - hy is nie 'n onderwyser nie. Hierdie toestand is die beste, want die leerder kies onbewustelik die beste leertempo vir homself. In so 'n situasie kan ons 100% seker wees dat die verwerkte materiaal onthou sal word.

As dit egter nie moontlik is om die gehipnotiseerde in so 'n diep beswyming te plaas nie, moet die spoed van leer deur die hipnotiseur bepaal word. So word hy ook 'n onderwyser, waarvoor hy dalk nie die toepaslike kwalifikasies het nie, bv hy kan swak lees en dus woorde in 'n vreemde taal verkeerd uitspreek. Enigiemand wat probeer het om 'n taal saam met so 'n persoon te leer weet hoe skadelik dit is.

Boonop neem die doeltreffendheid van leer af as die pas daarvan deur 'n ander persoon as die leerder bepaal word.

Om in hipnose te leer is nie geestelik vermoeiend nie, want die gehipnotiseerde persoon voel nie die verloop van tyd nie. Die liggaam word egter tot die maksimum gelaai en daarom moet jy nie te lank studeer nie. Hoeveel uur kan jy studeer? Dit hang af van die welstand en vermoëns van elke individu. Dit is die beste om eers kortliks te studeer, en dan die studietyd te verhoog totdat dit blyk nadat hy uit hipnose gekom het dat die studietyd te lank is en die leerder moeg is. Op hierdie manier kan jy die optimale leertyd bepaal.

Voordat hy hipnose verlaat, moet die hipnotiseur bevele gee om die verwerkte materiaal te memoriseer.

STEG TEEN BYVOEGINGS

In teenstelling met die voorkoms, word hipnose meer dikwels deur dokters as deur verhooghipnotiseurs gebruik. Hulle gebruik dit in die behandeling van baie psigosomatiese versteurings, neurose, verslawings aan alkohol, dwelms en nikotien.

Die faktor wat gesondheid verbeter, is hipnotiese en post-hipnotiese voorstelle, sowel as die toestand van hipnose self, wat op sigself dikwels ontspannend is.

Daarom word hipnotiese beswyming alleen dikwels sonder voorstel gebruik, wat vir 'n baie lang tyd ('n paar uur) duur en dikwels "hipnotiese slaap" genoem word.

In baie klinieke in die Weste is hipnose een van die tegnieke wat die behandeling van alkoholisme en nikotinisme ondersteun. Ek het spesifiek die woord "aanvullend" beklemtoon omdat dit gebruik word vir wilsversterkende doeleindes en vir post-hipnotiese suggestie van negatiewe reflekse wat met alkohol of sigarette geassosieer word, nie as 'n primêre behandeling nie. (veral wanneer iemand bang is om dokter toe te gaan), maar as dit onvoldoende blyk te wees, moet jy hulp van professionele persone soek.

ALKOHOLISME.

Alkoholisme word as 'n siekte beskou. Die behandeling daarvan moet onder mediese toesig uitgevoer word omdat die liggaam eers ontgift moet word. Gestel egter iemand beskou homself nog nie as 'n verslaafde nie en wil net sy drinkery verminder.

Wanneer jy speen, is dit die moeite werd om die hulp van 'n geliefde in te roep om die doeltreffendheid van die sessies te verhoog. En dit gaan nie oor die diepte van die beswyming nie, maar oor die moontlikheid om die liggaam te "programmeer" Dit is beter om die gevoel van walging te "programmeer" deur byvoorbeeld 'n sigaret in die mond te steek, as deur opdragte alleen.

Speen van verslawing begin met hipnose. As ons alleen is, berei ons 'n bandopnemer voor met die toepaslike opdragte wat op die band opgeneem is. As iemand ons help, gee ons vir hulle 'n lys van opdragte. Hul inhoud word hieronder aangebied. Weereens is dit nie nodig om 'n toestand van diep hipnose te betree om goeie resultate te behaal nie. Nadat hy 'n hipnotiese beswyming betree het, moet die gehipnotiseerde persoon toegelaat word om 'n geruime tyd te ontspan en vir 'n paar minute in hierdie toestand te bly. Eers dan gaan ons voort om voorstelle te maak wat bedoel is om 'n "allergie" vir alkohol te veroorsaak

Gewapen met byvoorbeeld ammoniak kan ons dit onder sy neus sit saam met 'n glas water met 'n bietjie alkohol en die voorstel dat dit vodka is. Op hierdie manier sal ons 'n walgreaksie op die reuk van alkohol ontwikkel. Ons volgende doelwit is om gag-reflekse te veroorsaak nadat ons alkohol gedrink het.

In die stryd teen verslawing moet ons nie vergeet om voorstelle te gee wat die wil en selfdissipline van die gehipnotiseerde verhoog nie:

"Jy sal nie lus wees om vodka te drink nie" ens.

Jy kan ook verskeie verraderlike post-hipnotiese voorstelle gebruik, bv. as daar enige geleentheid was om alkohol te drink, of kollegas jou sou nooi om vodka te drink, moet jy in die post-hipnotiese voorstel bestel dat die gehipnotiseerde persoon 'n onweerstaanbare dwang het om terug te keer huis toe om iets anders te wil hê, of, as 'n laaste uitweg, om sleg te voel gevoel. Sulke post-hipnotiese voorstelle kan drinkgeleenthede baie effektief uitskakel.

Rook.

Om sigarette te rook is 'n tipiese gewoonte wat effektief uitgeskakel kan word deur die gebruik van hipnose. Natuurlik is dit die moeite werd om spesiale kougom met nikotieninhoud te kou om nikotiendrang in die liggaam te verminder, maar die grootste probleem, wat baie moeilik is om te oorkom in die geval van hierdie verslawing, is die hele rookkoevert. Mense wat ophou rook weet nie wat om met hul monde en hande te doen nie. Hulle moet 'n nuwe kaart van gesigsuitdrukkings en gebare skep. 'n Kaart waar daar nie plek vir 'n sigaret is nie, en wat hulle sal toelaat om sielkundige veiligheid te handhaaf.

Daarom is die eerste stap in die stryd teen sigarette om 'n lys te skep van tipiese reflekse wat daarmee geassosieer word. Dit is die moeite werd om voor die spieël te sit en verskillende tipiese, stresvolle en snaakse situasies voor te stel (of te onthou) en jou gedrag noukeurig waar te neem. Situasies waarin dit duidelik is dat 'n sigaret 'n skerm is, moet by die lys ingesluit word. Dan kan jy waarneem hoe nie-rokers in soortgelyke situasies optree en by hulle gebare leen wat tydens hipnose aangeteken kan word. Daarbenewens is die doel van hipnose om 'n afkeer van sigarette te laat voortduur. Die beste resultate word verkry deur die afkeer van die reuk van tabakrook te behou. Ten spyte van voorkoms het mense 'n baie sensitiewe reuksintuig. As iemand 'n "mooi" reuk het, sal hulle beslis almal afstoot.Net so, as die reuk van sigaretrook vir iemand onaangenaam is, sal hulle sigarette vermy.

Die prosedure is soos volg:

Nadat ons 'n hipnotiese beswyming betree het, het ons 'n aangesteekte sigaret in die gehipnotiseerde persoon se mond gesit en 'n flessie ammoniak onder sy neus gesit. Op hierdie manier probeer ons om 'n refleks van afsku teenoor die reuk van nikotien te ontwikkel.

Ons ondersteun die terapie met voorstelle wat die begeerte na sigarette verander in ander drange, bv na kougom of vrugte.

Oormatige eet.

Hierdie beproewing raak byna alle mense in hierdie wêreld. Sommige mense (gelukkig!) voel nie die uitwerking daarvan nie, ten minste diegene wat meer sigbaar is soos vetsug, maar daar is ook diegene wat daarvoor betaal met hul voorkoms en gesondheid.

Hipnose in hierdie geval is redelik effektief, want dit is genoeg om eetgewoontes te verander om sensasionele resultate te behaal en vir eens en vir altyd te vergeet van rondslinger tussen periodes van ooreet en daaropvolgende vas gekombineer met wonderdiëte.

Ons begin die verandering van gewoontes deur 'n lys te maak wat die belangrikste nadele van die huidige dieet bevat, bv te veel sjokolade, lekkers, ens. of te vetterige dieet (kaas, vetterige vleis). Op hierdie manier sal ons bepaal watter voedselitems tydens hipnose gestigmatiseer gaan word.

Neem asseblief kennis dat ons nie voedsel as sodanig stigmatiseer nie (dit kan lei tot anoreksie), maar slegs die individuele bestanddele daarvan. Oor die algemeen probeer ons nie die hoeveelheid kos wat ons eet verminder nie, maar ons wil net die samestelling daarvan verander na 'n gesonder en minder kalorie een.

Die hoeveelheid kos kan slegs verminder word deur die manier van lewe te verander. As iemand 'n aktiewe en besige leefstyl lei, is daar eenvoudig nie tyd om te eet nie. As iemand heeldag voor die TV, 'n boek, ens. sit, peusel hulle gewoonlik by die geleentheid. Dit is belangrik dat hy iets van groente eet, nie hoë-kalorie kosse nie.

Daarom gee ons in hipnose voorstelle om die eet van groente en vrugte aan te moedig.

Die volgende truuk kan gebruik word:

Deur lekker ruikende kos onder die neus van die gehipnotiseerde persoon te sit, wat bedoel is om honger te veroorsaak, bedien ons net vrugte en groente om te eet. Terselfdertyd gee ons voorstelle wat hierdie soort kos prys.

Waarnemings en advies

In die aanvanklike tydperk van die aanleer van hipnose is die hipnotiseur blootgestel aan die maak van baie foute wat sy "reputasie" skaad en ook met groter gevolge bedreig.Daarom dink ek dat my raad en waarnemings sowel as waarskuwings nuttig kan wees.

1. As jy 'n man is, is dit die beste om nooit enige meisie alleen te hipnotiseer nie. Jy loop die risiko om deur haar van seksuele misbruik beskuldig te word. Die ergste daarvan is dat sy eintlik kan glo dat dit gebeur het. Jy kan dus haar simpatie of vriendskap verloor as jy so iets in gemeen het.

2. Moenie tydens hipnose opdragte gee wat permanente ongesteldheid by die gehipnotiseerde persoon kan veroorsaak nie, bv. "Jy sal nie honger wees nie, jy sal nie honger wees nie".

3. Onthou dat sommige opdragte 'n reaksie teenoor die beoogde een kan veroorsaak, bv. jy kan nie sê: "Jy voel nie jou hand nie, jy voel nie pyn ...", want dit kan die teenoorgestelde reaksie veroorsaak en veroorsaak organiese pyn of onvermoë van die hand. As ons onsensitiwiteit vir pyn wil bereik, voorstelle soos "... nou sal jy nie voel hoe ek jou vir 'n rukkie raak nie, jy sal vir 'n rukkie nie onaangename sensasies voel nie...".

4. Moet nooit oorreed word om vernederende opdragte aan die gehipnotiseerde persoon te gee nie, bv onder die tafel blaf, uittrek, ens., of om geheime of intieme besonderhede van hom te onttrek nie. As jy so iets doen, sal jy die respek van jou mede-klasmaats verloor. Selfs diegene wat jou aangemoedig het om dit te doen.

5. Moenie die verhooghipnotiseringstegniek te dikwels (op dieselfde persoon) in 'n kort tydjie gebruik nie. Jy kan haar neurose op hierdie manier "gee".

6. As jy voel dat jy nie lus is vir hipnotiseer nie, moenie die sessie begin nie, selfs al dring iemand daarop aan.

7. Dikwels kondisioneer hipnotiseurs die gehipnotiseerde na 'n wagwoord (kondisionering deur post-hipnotiese suggestie) om hulle later makliker in 'n beswyming te plaas. Jy kan dit ook doen, maar onthou - hierdie wagwoord moet so ongewoon wees dat dit nie in enige normale lewensituasie kan verskyn nie.

8. Moet nooit bekommerd wees as jou opdragte jou laat lag nie. Almal verloor na 'n rukkie die lus om te lag.

9. As jy by 'n partytjie wil hipnotiseer, en jy kan geen dinamiese tegniek gebruik nie, of daar is geen persoon wat geskik is vir so 'n tegniek nie, gaan dan na 'n ander vertrek en hipnotiseer die persoon van jou keuse met 'n ander tegniek. Nooi dan eers die res van die geselskap om die pret voort te sit.

10. As jy 'n persoon hipnotiseer, sê maar bygelowige, kan jy voorgee dat jy 'n persoon is wat met bomenslike kragte toegerus is, maar moenie jouself skep as 'n onbeskikbare persoon nie. Wees altyd vriendelik en simpatiek.

11. Moet nooit vrees vir die gehipnotiseerde toon nie. Wees altyd selfversekerd. As jy beheer oor die gehipnotiseerde verloor, moenie dit wys nie.

12. Onthou dat as jy beheer oor die gehipnotiseerde verloor jy hom dadelik uit die beswyming moet bring.Jy kan die gewone metode gebruik, of deur absurde opdragte uit te reik. As jy misluk, en die gehipnotiseerde persoon mors nie, los hom uit en laat hom aan die slaap raak.

13. As jy nie daarin slaag om die persoon wat jy kies te hipnotiseer nie –
moenie bekommerd wees nie. Kies asseblief 'n ander een of probeer 'n
ander tyd. Oefening maak perfek. Ook gehipnotiseer.

14. Mense wat gehipnotiseer word ontken dikwels dat hulle in 'n
hipnotiese beswyming was nadat hulle uit die beswyming gekom het.
Hulle beweer hulle het. Op hierdie manier bederf hulle die bui en
geloofwaardigheid van die hipnotiseur. As die gehipnotiseerde subjek
doeltreffende post-hipnotiese voorstelle gegee word, sal sy bewerings
oor die ondoeltreffendheid van hipnose jammerlik wees. Dit is dus altyd
die moeite werd om ten minste een so 'n voorstel tydens hipnose bekend
te stel.

15. Moet nooit 'n aanvanklike onderhoud oorslaan nie. Dit is die mees
algemene fout van beginners, onkundige of oorversekerde hipnotiseurs.
Selfs 'n kort inleidende gesprek kan jou baie oor die gehipnotiseerde
persoon vertel en dit makliker maak om hulle in 'n beswyming te plaas.

16. Hou 'n notaboek waarin jy al jou oorwinnings, nederlae en
opmerkings aanteken. Op hierdie manier sal jy voortdurend ontwikkel.
Al los jy hipnose vir 'n rukkie, sal jy jare later daarna kan terugkom en
alles onthou.